Pedro Calderón de la Barca

# Loa a el año Santo de Roma

Barcelona **2024**
Linkgua-ediciones.com

## Créditos

Título original: Loa a El año santo de Roma.

© 2024, Red ediciones S.L.

e-mail: info@Linkgua-ediciones.com

Diseño de cubierta: Michel Mallard.

ISBN rústica: 978-84-9816-031-4.
ISBN ebook: 978-84-9953-303-2.

# Sumario

## Brevísima presentación

### La vida

Pedro Calderón de la Barca (Madrid, 1600-Madrid, 1681). España.

Su padre era noble y escribano en el consejo de hacienda del rey. Se educó en el colegio imperial de los jesuitas y más tarde entró en las universidades de Alcalá y Salamanca, aunque no se sabe si llegó a graduarse.

Tuvo una juventud turbulenta. Incluso se le acusa de la muerte de algunos de sus enemigos. En 1621 se negó a ser sacerdote, y poco después, en 1623, empezó a escribir y estrenar obras de teatro. Escribió más de ciento veinte, otra docena larga en colaboración y alrededor de setenta autos sacramentales. Sus primeros estrenos fueron en corrales.

Lope de Vega elogió sus obras, pero en 1629 dejaron de ser amigos tras un extraño incidente: un hermano de Calderón fue agredido y, éste al perseguir al atacante, entró en un convento donde vivía como monja la hija de Lope. Nadie sabe qué pasó.

Entre 1635 y 1637, Calderón de la Barca fue nombrado caballero de la Orden de Santiago. Por entonces publicó veinticuatro comedias en dos volúmenes y La vida es sueño (1636), su obra más célebre.

En la década siguiente vivió en Cataluña y, entre 1640 y 1642, combatió con las tropas castellanas. Sin embargo, su salud se quebrantó y abandonó la vida militar. Entre 1647 y 1649 la muerte de la reina y después la del príncipe heredero provocaron el cierre de los teatros, por lo que Calderón tuvo que limitarse a escribir autos sacramentales.

Calderón murió mientras trabajaba en una comedia dedicada a la reina María Luisa, mujer de Carlos II el Hechizado. Su hermano José, hombre pendenciero, fue uno de sus editores más fieles.

## Personajes

Día cuarto
Día primero
Día quinto
Día segundo
Día séptimo
Día sexto
Día tercero
La Gracia
La Naturaleza
Músicos

**Acto único**

(Salen los músicos y en cantando la primera copla salen por una parte la Gracia y por otra la Naturaleza.)

Música            Hoy Naturaleza y Gracia
en amiga competencia
arguyendo están las obras
de Gracia y Naturaleza.

Coro 1          Atención.

Coro 2              Atención.

Coro 1                    Que quieren...

Coro 2                        Que intenta         5

Todos            ...saber qué obras son de más excelencia.

Naturaleza    Supuesto, Divina Gracia,
que en la literal palestra
la lid del entendimiento
a la voluntad no llega,                    10
por vía de argumento, bien
podré tomarme licencia
de decirte que mis obras
son de mayor excelencia
que las tuyas.

Gracia                      Bien podrás,        15
pero no sé cómo puedas
salir con proposición
tan rara.

| | | |
|---|---|---|
| Naturaleza | Desta manera... | |
| Música | Atención, atención, que quieren, que intentan | |
| | saber qué obras son de más excelencia. | 20 |
| Naturaleza | Padre, Hijo, Spíritu Santo, | |
| | tres personas y una esencia, | |
| | aunque un mesmo poder son, | |
| | una sabiduría mesma | |
| | y un mesmo amor, no es cuestión | 25 |
| | que por atribución tengan | |
| | amor, ciencia y poder, dando | |
| | al Padre el poder, la ciencia | |
| | al Hijo, como el amor | |
| | al Spíritu. | |
| Gracia | Es materia | 30 |
| | tan escolástica, que | |
| | no necesita de pruebas. | |
| Naturaleza | Pues siendo así, que del Padre | |
| | atributo el poder sea, | |
| | a que es fuerza que las obras | 35 |
| | de la creación se refieran, | |
| | pues son dar ser al no ser | |
| | obras de la omnipotencia, | |
| | ¿cómo me podrás negar, | |
| | siendo la naturaleza | 40 |
| | en común de lo criado | |
| | que el primero lugar tenga | |
| | la fábrica de mis días, | |
| | pues antes del Hombre no eras | |
| | tú en el mundo, y era yo, | 45 |

que siendo, como eres, prenda
de Dios, que graciosamente
se da sin que se merezca,
claro está que no podías
ser tú primero que fuera                                      50
el que había de ser, siendo
hijo de la gracia bella
heredero de su gloria,
y para que mejor veas
(por si lo prático da                                         55
a lo teórico fuerza)
de antigüedad cuántos días
ganaron mis preeminencias,
vuelve al primero los ojos,
a quien quiero que sucedan                                    60
los demás, por ver si así
viendo cómo ellos alegan
sus maravillas mejor,
mejor mi mérito acuerdan.

Música      Atención, atención, que quieren, que intentan       65
            saber qué obras son de más excelencia.

(Sale el Día 1.)

Día 1       República eminente
            del universo, fábrica excelente
            del orbe: tú que ayer sin ser, sin uso,
            informe globo lóbrego y confuso,                  70
            antes que fueras fuiste,
            tú que sin tiempo al tiempo conociste
            siendo una masa oscura
            de quien dijo la voz de la Scritura
            divina en los profetas                            75

y humana en los poetas,
que tu máquina altiva
antes que forma y perfección reciba
era una informidad apellidada
caos de los unos, de los otros nada,        80
salve, y no tengas duda
de que el primero día te saluda,
a quien pasmas y asombras
al dividir las luces de las sombras,
siendo apartar tristeza y alegría        85
obra primera del primero día.

(Sale el Día 2.)

Día 2        Obra primera del primero día
entre confusas nieblas
fue separar vislumbres y tinieblas
de Dios la omnipotencia soberana,        90
dando a las dos la tarde y la mañana,
pero como su Spíritu sagrado
estándose en sí mismo
también sobre las aguas del abismo
de una parte a otra parte era llevado,        95
no con menor cuidado,
menor tarea ni menor aliento
de las aguas compuso el firmamento
apartando las unas
de las otras, porque con dos fortunas,        100
unas sobre la tierra se quedasen
y sobre el firmamento otras llegasen
a ser (siendo a su ardor templanza fría)
obra segunda del segundo día.

(Sale el Día 3.)

| Día 3 | Obra segunda del segundo día | 105 |
| | fue el alto firmamento, | |
| | las aguas de las aguas divididas, | |
| | las cuales, reducidas | |
| | a un término, a una margen, a un asiento, | |
| | dando de un elemento otro elemento, | 110 |
| | descubrieron la tierra, que vacía | |
| | inútil, seca y árida se vía, | |
| | hasta que docta en ella | |
| | de Dios la summa Providencia bella | |
| | produjo los verdores | 115 |
| | de las plantas, los árboles y flores, | |
| | siendo su lustre, pompa y lozanía | |
| | obra tercera del tercero día. | |

(Sale el Día4.)

| Día 4 | Obra tercera del tercero día | |
| | fueron las flores, árboles y plantas, | 120 |
| | porque después de admiraciones tantas | |
| | como verse los montes y los mares, | |
| | fuesen los dos hermosos luminares | |
| | del Sol y Luna bellos | |
| | quien presidiese en ellos, | 125 |
| | siendo de su hermosura | |
| | imperios claro día y noche oscura, | |
| | a quien besó las siempre errantes güellas | |
| | el vasallo tropel de las estrellas, | |
| | con que de Luna y Sol la monarquía | 130 |
| | cuarta fatiga fue del cuarto día. | |

(Sale el Día 5.)

Día 5          Cuarta fatiga fue del cuarto día
el imperio de Sol, Luna y estrellas,
la luz que antes crió poniendo en ellas,
cuya gran maravilla                135
por ilustralla más y por lucilla
con aplausos más graves,
al fiat repetido tantas veces
los espacios del aire pobló de aves.
los cóncavos del mar pobló de peces;     140
unos, pues, y otros, jueces
del supremo poder, en su elemento
gozaron pez y pájaro agua y viento,
siendo mansiones húmeda y vacía
la quinta admiración del quinto día.      145

(Sale el Día 6.)

Día 6          La quinta admiración del quinto día
quiso el autor divino
que el pez del mar, del aire el ave fuese,
mas porque no tuviese
la tierra envidia a tanto peregrino      150
ornato, la previno
poblar, siguiendo el fin de asuntos tales,
de tantos, tan diversos animales
como ven igualar viento y espuma
ya en piel y ya en vellón, escama y pluma,  155
de cuyas tres repúblicas jurado
príncipe el hombre, habiéndole formado
del limo de la tierra
árbitro de la paz y de la guerra,
para rey de una y otra monarquía,     160
sexta fábrica fue del sexto día.

(Sale el Día 7.)

| Día 7 | Sexta fábrica fue del sexto día |
| | el hombre, a quien hiciste, |
| | oh, Supremo Señor, del orbe dueño, |
| | siendo mundo pequeño, | 165 |
| | a quien más noble ser que a todos diste, |
| | y ya que en él de tu concepto viste |
| | lograda la esperanza, |
| | bien el séptimo día te retiras |
| | a descansar de la obra que hecha admiras, | 170 |
| | consagrándole solo a tu alabanza, |
| | y pues igual a todos nos alcanza, |
| | su honor a Dios le dé nuestra fe pía |
| | este alegre feliz séptimo día. |

Todos      Este alegre feliz séptimo día      175
en que descansa Dios, a Dios le demos.

Día 7      Con fiesta su descanso celebremos.

Día 1      A eso solo la música es respuesta.

Todos      Pues es fiesta de Dios, vaya de fiesta.

(Empiezan a cantar y bailar y embarázalos la Naturaleza.)

Música      Dios en el principio      180
crió el cielo y la tierra,
diviendo iguales
luces y tinieblas...

Naturaleza      Esperad, no prosigáis,
que ya que junta se ostenta      185

                    a los ojos de la Gracia
                    toda la Naturaleza,
                    sin hacer digresión, quiero
                    que el principio me conceda
                    de cuánto mis obras son                    190
                    maravillosas y inmensas:
                    ¿qué dirás, viendo esta pompa,
                    este aplauso, esta grandeza,
                    de si podré competirte?

Gracia              Aunque responderte quiera              195
                    me hace escrúpulo pensar
                    que el culto de Dios suspenda.
                    Si el gran día del Señor
                    agradecidas celebran
                    sus obras y el del descanso              200
                    le van consagrando en fiesta:
                    ¿cómo podrá interrumpir
                    la Gracia, que más desea
                    las celebridades suyas,
                    tantas religiosas muestras              205
                    de fe, de celo, de amor?
                    Y así, no porque no tenga
                    que argüir, sino porque
                    tan alto intento no ofenda,
                    prosiga por ahora el culto,              210
                    dejando las dos suspensa
                    la cuestión, que yo te doy
                    palabra de que a ella vuelva
                    para probarte que aunque
                    son tus obras tan excelsas,              215
                    puede ir siguiendo la Gracia
                    y no con menor sentencia
                    que de Tomás, el mismo orden

**16**

que fue la Naturaleza.
Y así, pues, he de probar                           220
con otras siete excelencias
que como el orden del mundo
se crió el orden de la Iglesia
y lid del entendimiento,
como dijiste, no llega                              225
a lid de la voluntad,
concediéndome la tregua,
dejemos a otra ocasión
la cuestión, pues basta en esta
ver que el día del Señor                            230
todas sus obras celebran,
para que yo no tan solo
le interrompa, pero atenta
a la religión procure
acompañar su obediencia.                            235

Naturaleza     Dices bien, y no tan solo
es justo que te conceda
la tregua, pero pasando
a política advertencia
de que las cortesanías                              240
no estragan las conferencias,
para un festín te convido
que dispuesto tenía, cierta
de que había de parar
el hacer de los días muestra                        245
en el día del Señor.

Gracia         Yo agradezco la fineza,
mas sepamos el festín
qué es.

| | |
|---|---|
| Naturaleza | Un auto. |
| Gracia | ¿La materia? |

| | | |
|---|---|---|
| Naturaleza | Como era contigo, Gracia, | 250 |
| | la cuestión, para que veas | |
| | que una cosa es argüir | |
| | y otra estimar tus grandezas | |
| | tú eres el asunto, Gracia, | |
| | pues gracias y indulugencias | 255 |
| | son el concepto del auto, | |
| | dando el año de cincuenta | |
| | alegórico motivo | |
| | a que su título sea | |
| | El Año Santo de Roma. | 260 |

| | |
|---|---|
| Gracia | Yo he de ayudar a la fiesta |
| | con sola una condición. |

| | |
|---|---|
| Naturaleza | ¿Qué |
| es? | |

| | | |
|---|---|---|
| Gracia | Que pues pendiente queda | |
| | nuestra lid para segunda | |
| | parte, sea en la primera | 265 |
| | esta la loa, porque | |
| | aun hasta en la loa contenga | |
| | segunda parte mi auto | |
| | cuando su título sea | |
| | El Año Santo en Madrid. | 270 |

| | |
|---|---|
| Naturaleza | Es tan justa convenencia |
| | que te la admito. |

| | |
|---|---|
| Todos | Y de todos. |

Día 4           Y así por primera muestra
yo persuadido a que es digno
que auditorio suyo sea                        275
todo el católico gremio
hablaré con él, en muestra
de que la obra de mi día
fue la del cuarto planeta,
siendo algún Cuarto Felipe                 280
humano Sol de su esfera.

Día 5           Yo en quien se vieron las aves,
viendo que es de todas reina
la águila, y que una alemana
imperial águila bella                       285
ha de ser mi mayor lustre,
también hablaré con ella.

Día 6           Yo en quien príncipe jurado
de los montes y las selvas
vi coronarse el león,                        290
dando a un príncipe obediencia
que en felice sucesión
ya le antemiran mis ciencias,
con él hablaré.

Día 1                     Yo, en quien
quiso el cielo resplandezca               295
la luz de la mejor alba,
hablaré con una estrella
que hija del Sol y la aurora
será nuestra mejor perla.

| | | |
|---|---|---|
| Día 3 | Yo en quien las plantas y flores | 300 |
| | bordaron verdes esferas, | |
| | con las damas hablaré | |
| | en fe de su primavera. | |

| | | |
|---|---|---|
| Día 2 | Yo en quien se hizo el firmamento, | |
| | que es quien los polos sustenta, | 305 |
| | hablaré con los Consejos | |
| | que son polos de la tierra, | |
| | y con la corte del mundo, | |
| | coronada villa excelsa | |
| | en quien los polos estriban | 310 |
| | de las armas y las letras. | |

| | | |
|---|---|---|
| Día 7 | Yo no, que volviendo a Dios, | |
| | aquella intención primera | |
| | de que el día del descanso | |
| | suyo asunto nuestro sea, | 315 |
| | hablaré con todos, puesto | |
| | que es lo que todos desean. | |
| | Hablaré con el Señor. | |

| | |
|---|---|
| Todos | ¿Cómo? |

| | | |
|---|---|---|
| Día 7 | Pidiéndoos que vuelva | |
| | el empezado festín | 320 |
| | a proseguir. | |

| | |
|---|---|
| Todos | Norabuena. |

(Danzado y bailado.)

| | |
|---|---|
| Música | Pues vaya de baile, de música y fiesta |
| | y ostente hoy sus obras la Naturaleza. |

**20**

Dios en el principio
crió el cielo y la tierra                               325
dividiendo iguales
luces y tinieblas.
¡Qué maravilla tan rara y tan nueva
ver sombras y luces amigas y opuestas!
Dividió las aguas                                      330
repartiendo de ellas
con el cielo unas
y otras con la tierra.
¡Qué maravilla tan rara y tan nueva
que el fuego y el agua juntos se mantengan!            335
Su faz mostró el mundo
triste, árida y seca,
hasta que las plantas
la dieron belleza.
¡Qué maravilla tan rara y tan nueva                    340
ver presto la edad de su primavera!
Viéronse los dos
mayores planetas
que al día y la noche
presiden y reinan.                                     345
¡Qué maravilla tan rara y tan nueva
que noches y días sus lámparas tengan!
Pájaros y peces
en sus dos esferas
páramos poblaron                                       350
de golfos y selvas.
¡Qué maravilla tan rara y tan nueva
ver peces que nadan, ver aves que vuelan!
Las fieras y brutos
de especies diversas                                   355
por pequeño mundo
al hombre respetan.

¡Qué maravilla tan rara y tan nueva
ver que al barro un solo suspiro le alienta!
Y pues Dios descansa                                               360
de tantas tareas
quien se alegra en Dios
felice se alegra.
Y pues hoy le alaban sus obras mesmas
en la varia, en la hermosa Naturaleza,                             365
remitiendo a otro auto las excelencias
con que en él le alabe la Gracia bella,
para empezar este la piedad vuestra
ya que no nos aplauda, nos dé licencia.

Fin

## Libros a la carta

A la carta es un servicio especializado para
empresas,
librerías,
bibliotecas,
editoriales
y centros de enseñanza;
y permite confeccionar libros que, por su formato y concepción, sirven a los propósitos más específicos de estas instituciones.

Las empresas nos encargan ediciones personalizadas para marketing editorial o para regalos institucionales. Y los interesados solicitan, a título personal, ediciones antiguas, o no disponibles en el mercado; y las acompañan con notas y comentarios críticos.

Las ediciones tienen como apoyo un libro de estilo con todo tipo de referencias sobre los criterios de tratamiento tipográfico aplicados a nuestros libros que puede ser consultado en Linkgua-ediciones.com.

Linkgua edita por encargo diferentes versiones de una misma obra con distintos tratamientos ortotipográficos (actualizaciones de carácter divulgativo de un clásico, o versiones estrictamente fieles a la edición original de referencia).

Este servicio de ediciones a la carta le permitirá, si usted se dedica a la enseñanza, tener una forma de hacer pública su interpretación de un texto y, sobre una versión digitalizada «base», usted podrá introducir interpretaciones del texto fuente. Es un tópico que los profesores denuncien en clase los desmanes de una edición, o vayan comentando errores de interpretación de un texto y esta es una solución útil a esa necesidad del mundo académico.

Asimismo publicamos de manera sistemática, en un mismo catálogo, tesis doctorales y actas de congresos académicos, que son distribuidas a través de nuestra Web.

El servicio de «libros a la carta» funciona de dos formas.

1. Tenemos un fondo de libros digitalizados que usted puede personalizar en tiradas de al menos cinco ejemplares. Estas personalizaciones pueden ser de todo tipo: añadir notas de clase para uso de un grupo de estudiantes, introducir logos corporativos para uso con fines de marketing empresarial, etc. etc.

2. Buscamos libros descatalogados de otras editoriales y los reeditamos en tiradas cortas a petición de un cliente.

www.ingramcontent.com/pod-product-compliance
Lightning Source LLC
Chambersburg PA
CBHW020450030426
42337CB00014B/1480